BEI GRIN MACHT SICH IHR WISSEN BEZAHLT

AF167134

- Wir veröffentlichen Ihre Hausarbeit, Bachelor- und Masterarbeit

- Ihr eigenes eBook und Buch - weltweit in allen wichtigen Shops

- Verdienen Sie an jedem Verkauf

Jetzt bei www.GRIN.com hochladen und kostenlos publizieren

Bibliografische Information der Deutschen Nationalbibliothek:

Die Deutsche Bibliothek verzeichnet diese Publikation in der Deutschen National-bibliografie; detaillierte bibliografische Daten sind im Internet über http://dnb.d-nb.de/ abrufbar.

Impressum:

Copyright © 2019 GRIN Verlag
Druck und Bindung: Books on Demand GmbH, Norderstedt Germany
ISBN: 9783346146113

Dieses Buch bei GRIN:

https://www.grin.com/document/535768

Sabrina Krug

Effekte des Ausdauertrainings bei Hypertonie. Trainingsplanung von Makro- und Mesozyklus

GRIN Verlag

GRIN - Your knowledge has value

Der GRIN Verlag publiziert seit 1998 wissenschaftliche Arbeiten von Studenten, Hochschullehrern und anderen Akademikern als eBook und gedrucktes Buch. Die Verlagswebsite www.grin.com ist die ideale Plattform zur Veröffentlichung von Hausarbeiten, Abschlussarbeiten, wissenschaftlichen Aufsätzen, Dissertationen und Fachbüchern.

Besuchen Sie uns im Internet:

http://www.grin.com/

http://www.facebook.com/grincom

http://www.twitter.com/grin_com

Deutsche Hochschule für
Prävention und Gesundheitsmanagement
Hermann Neuberger Sportschule 3
66123 Saarbrücken

Einsendeaufgabe

Fachmodul:	Trainingslehre II
Studiengang:	Gesundheitsmanagement
Datum Präsenzphase:	20. – 22. November 2019
Name, Vorname:	Krug, Sabrina
Studienort:	**Stuttgart**
Semester:	**WS18**

Inhaltsverzeichnis

1 Diagnose

1.1 Allgemeine und biometrische Daten

In Tabelle eins werden die allgemeinen und biometrischen Daten der Testperson dargestellt und anhand wissenschaftlich anerkannter Normwerte bewertet.

Tab. 1: Allgemeine und biometrische Daten der Testperson (eigene Darstellung)

Allgemeine / biometrische Daten	Ist-Wert	Soll-Wert / Norm
Geschlecht	Männlich	-
Alter	21 Jahre	-
Körpergröße	180 cm	-
Körpergewicht	80 kg	-
Body-Mass-Index (BMI)	~24,7	· Untergewicht <18,5 · Normalgewicht: 18,5 - 24,9 · Übergewicht: ab 25 (Bundesministerium für Gesundheit, 2018)
Trainingsmotive	Der Proband ist durch sein Studium sehr gestresst, bewegt sich wenig und möchte durch das Training eine Stressreduktion erzielen. Zudem möchte er aufgrund einer familiären, durch HK-Erkrankungen gepräg- ten Vorgeschichte etwas für seine Gefäß- bzw. kardiopulmonale Gesundheit tun. Außerdem hat er häufig Infekte und möchte dies gerne reduzieren.	-
Berufliche Tätigkeit	BWL-Student (Vollzeit)	-
Aktuelle und frühere sportliche Aktivitäten	· In der Kindheit 7 Jahre (im Alter von 8 - 15 Jahren) aktiv Handball gespielt (Kreisliga, 2x wöchentlich 1,5 Stunden Training) · Ca.1x pro Woche mit Freunden für 1-2 Stunden Volleyball spielen Ansonsten momentan keine sportliche Betätigung	-
Zeitlicher Verfügungsrah- men der Person	3x pro Woche max. 90 Minuten	-
Blutdruck in mmHg	124 / 82	· Optimal: <120 / <80 · Normal: 120-129 / 80-84 · Hochnormal: 130-139 / 85-89 · Grad 1 Hypertonie: 140-159 / 90-99 (Williams et al., 2018)
Ruhepuls in S/Min	72	Normal: 60-100 (American Heart Association, 2015)
Orthopädische / internistische Probleme / sonstige gesundheitliche Einschränkungen	-	-

Allgemeine / biometrische Daten	Ist-Wert	Soll-Wert / Norm
Ärztliche Behandlungen	-	-
Einnahme von Medikamenten	-	-

1.2 Leistungsdiagnostik / Ausdauertestung

Um die richtige Trainingsherzfrequenz für den Studenten zu ermitteln, wurde als Ausdauertest ein IPN-Test® (Institut für Prävention und Nachsorge) nach Hollmann & Venrath gewählt (IPN, 2004).

1.2.1 Begründung des gewählten Fahrradergometertests

Der Ausdauertest nach Hollmann & Venrath und somit eine Belastbarkeit von mindestens 150 Watt wird dem Studenten zugetraut, da er jung ist, schon sportliche Erfahrung hat und sich auch momentan ab und zu sportlich betätigt. Zudem weist er keine gesundheitlichen Einschränkungen oder auffallende Vitalwerte auf. Da er allerdings kein Ausdauersportler bzw. nicht außerordentlich gut trainiert ist, wurde von einem Ausbelastungstest abgesehen.

1.2.2 Testverlauf

In folgender Tabelle sind der Verlauf und die Ergebnisse des Hollmann & Venrath Tests dargestellt.

Tab. 2: Darstellung des Testverlaufs (eigene Darstellung)

Testform: Hollmann & Venrath (submaximal)			Stufendauer: 3 Minuten	
Eingangsbelastung: 30 Watt			Belastungssteigerung: 40 Watt	
Pulsobergrenze: 145 S/min			Trittfrequenz: 60-80 U/min	
Abbruchgrenze: Ende der Stufe, in der die Pulsobergrenze erreicht ist			Anmerkungen: -	
Eingangstest	Datum: 23.11.2019			
Zeit in min	Watt	Hf 1 (in S/Min)*	Hf 2 (in S/Min)*	Hf 3 (in S/Min)*
0	30	83	90	97
3	70	104	111	117
6	110	124	132	138
9	150	**145**	151	157
Watt gesamt bei Abbruch: 123,33				
Watt/Kg: 1,76				
Bewertung nach Normtabelle: Belastungsfaktor von 0.56 = „ - " bzw. ⊗ (befindet sich in der oberen Hälfte des unterdurchschnittlichen Bereichs)				
*die Herzfrequenzen wurden immer NACH der entsprechenden erreichten Minute gemessen. Hf 1 steht somit also für die Herzfrequenz, die nach der ersten Minute der entsprechenden Stufe jeweils gemessen wurde.				

1.2.3 Bewertung des Testergebnisses

Die Tabelle des Instituts für Prävention und Nachsorge (IPN) zur Bewertung der relativen (Watt/kg) Watt-Soll-Leistung bei Männern bewertet die erbrachten Leistungen mit folgenden Symbolen: „- -", „-", „Ø", „+" und „++" (IPN, 2004). Das Ergebnis des hier getesteten Studenten ergibt laut Tabelle die Bewertung „-". Somit liegt das Ergebnis unter dem Durchschnitt, allerdings noch in der oberen Hälfte des unterdurchschnittlichen Bereichs. Hierbei ist jedoch zu beachten, dass der Test nach Hollmann & Venrath eher bei „trainierte[n] und/oder schwere[n] Männer[n]" (IPN, 2004) zum Einsatz kommt und der hier getestete Proband zwar sportliche Erfahrung hat und auch momentan ab und an sportlich aktiv ist, jedoch nicht außerordentlich gut trainiert ist.

1.3 Gesundheits- und Leistungsstatus der Testperson

Das Testergebnis zeigt, dass in Bezug auf die Ausdauerleistungsfähigkeit des Studenten auf jeden Fall noch „Luft nach oben" ist, somit also im Hinblick auf die Trainierbarkeit eine Bandbreite an Möglichkeiten besteht. Darum sollten Trainingserfolge voraussichtlich gut zu erzielen sein. Im Hinblick auf die Belastbarkeit des Probanden gibt es hier keine Einschränkungen, da der Student, wie bereits erwähnt, jung ist, sportliche Erfahrungen gesammelt hat, sich auch momentan ab und zu sportlich betätigt und keine gesundheitlichen Einschränkungen vorliegen.

2 Zielsetzung / Prognose

In nachfolgender Tabelle werden drei relevante Trainingsziele des Studenten jeweils mit Inhalt, Ausmaß und Zeit dargestellt.

Tab. 3: Darstellung der Trainingsziele des Probanden (eigene Darstellung)

Inhalt des Ziels	Ausmaß	Zeit	Begründung des Ziels
Stressreduktion	Auf einer subjektiven Skala, bezogen auf das eigene Stressempfinden, von momentan einer 8 auf eine 4 (0 ist hier „ich fühle mich nicht gestresst", 10 bedeutet „Ich kann meinen Alltag ohne Hilfe nicht mehr alleine bewältigen")	Nach den ersten 12 Wochen	Der Student hat durch sein BWL-Studium und aufgrund persönlicher Umstände viel Stress im Alltag und möchte daher, um beispielsweise einem Burnout-Syndrom vorzubeugen sein Stressempfinden bestmöglich reduzieren.

Inhalt des Ziels	Ausmaß	Zeit	Begründung des Ziels
Reduktion der Infektanfälligkeit	Keinen Infekt mehr haben	Ab dem Zeitpunkt nach Beendigung der ersten 12 Wochen: ein Jahr lang	Der Proband leidet unter häufigen Infekten, welche ihn regelmäßig am ungestörten Ausüben seines Studiums/ Alltags hindern, wodurch er sich wiederum gestresst fühlt. Diesen „Teufelskreis" möchte er gerne durchbrechen, indem er u.a. seine Immunabwehr durch Ausdauertraining stärkt.
Erhaltung / Herstellung Gefäß- bzw. kardiopulmonalen Gesundheit	Ruhepulssenkung um 4 Schläge pro Minute (von 72 auf 68)	Nach den ersten 12 Wochen	Aufgrund familiärer Vorgeschichten ist der Proband in Sorge um seine Gefäß- bzw. kardiopulmonale Gesundheit und möchte durch regelmäßiges Ausdauertraining koronaren Herzkrankheiten bzw. sämtlichen durch Arteriosklerose / Thrombose verursachten Krankheiten vorbeugen

3   Trainingsplanung Mesozyklus

Die folgenden Unterkapitel geben Aufschluss über die ersten sechs Trainingswochen des Probanden.

3.1 Grobplanung Mesozyklus

Tabelle vier zeigt einen Mesozyklus des Studenten. Dieser Mesozyklus beinhaltet die ersten sechs Trainingswochen. Sinnvollerweise wird das Ausdauertraining nach Beendigung dieser ersten sechs Wochen weiterhin fortgesetzt, u.a. da die Ziele für zwölf Wochen festgelegt wurden bzw. langfristig gehalten werden sollen. Die weiteren Wochen sind hier allerdings nicht mehr dargestellt.

Tab. 4: Grobplanung des Mesozyklus 1 (eigene Darstellung)

Mesozyklus 1	
Dauer	6 Wochen
Übergeordnetes spezifisches Trainingsziel	Entwicklung der Grundlagenausdauer
Wöchentlicher Gesamttrainingsumfang	1,5-3 Stunden
Trainingsmethoden	• Extensive Dauermethode • Variable Dauermethode • Intensive Dauermethode • (REKOM)
Belastungsintensitäten	• 50-60% Hf.max. regenerativ • 60-75% Hf.max.extensiv • 70-85% Hf.max. variabel • 80-85% Hf.max. intensiv
Trainingseinheiten pro Woche	2-3
Zeitdauer pro Trainingseinheit	• 30 Min. regenerativ • 45-90 Min. extensiv • 30-60 Min. variabel • 20-30 Min. intensiv
Trainingsgerät/e	Fahrradergometer, Laufband, Crosstrainer

3.2 Detailplanung Mesozyklus

Tabelle fünf zeigt die ersten sechs Trainingswochen in der Detailplanung. Die Trainingsintensitäten wurden hierbei anhand der Formel des American College of Sports Medicine (ACSM, 2006a) festgelegt. Hierzu wurde die maximale Herzfrequenz ebenso nach (ACSM, 1998) festgelegt. Diese liegen bei Laufen und Walking (und somit auch beim Stepper und Crosstrainer) bei 199 S/min und beim Fahrrad (und somit auch beim Rudern) bei 179 S/min.

Tab. 5: Detailplanung des sechswöchigen Mesozyklus 1 (eigene Darstellung)

Woche 1	Mo	Mi	Fr	Woche 2	Mo	Mi	Fr
Trainings-ziel	GA1	GA1	-	Trainings-ziel	GA1	GA1	-
Trainings-methode	Ext. DM	Ext. DM	-	Trainings-methode	Ext. DM	Ext. DM	-
Trainings-intensität	60-75% Hf.max. (107-134 S/min)	60-75% Hf.max. (119-149 S/min)	-	Trainings-intensität	60-75% Hf.max. (107-134 S/min)	60-75% Hf.max. (119-149 S/min)	-
Trainings-dauer	45 min	45 min	-	Trainings-dauer	60 min	60 min	-
Trainings-gerät	Fahrrad-ergometer	Crosstrainer	-	Trainings-gerät	Fahrrad-ergometer	Crosstrainer	-
Woche 3	Mo	Mi	Fr	Woche 4	Mo	Mi	Fr
Trainings-ziel	GA1	GA1/ GA2	-	Trainings-ziel	GA1	GA1/ GA2	REKOM
Trainings-methode	Ext. DM	Var. DM	-	Trainings-methode	Ext. DM	Var. DM	Reg. DM
Trainings-intensität	60-75% Hf.max. (119-149 S/min)	70-75% & 75-85% Hf.max. (125-134 bis 134-152 S/min)	-	Trainings-intensität	60-75% Hf.max. (119-149 S/min)	70-75% & 75-85% Hf.max. (125-134 bis 134-152 S/min)	50-60% Hf.max. (100-119 S/min)
Trainings-dauer	90 min	30 min	-	Trainings-dauer	90 min	40 min	30 min
Trainings-gerät	Cross-trainer	Fahrrad	-	Trainings-gerät	Cross-trainer	Fahrrad	Crosstrainer
Woche 5	Mo	Mi	Fr	Woche 6	Mo	Mi	Fr
Trainings-ziel	GA2	GA1	GA1/ GA2	Trainings-ziel	GA2	GA1	GA1/ GA2
Trainings-methode	Int. DM	Ext. DM	Var. DM	Trainings-methode	Int. DM	Ext. DM	Var. DM
Trainings-intensität	80-85% Hf.max. (159-169 S/min)	60-75% Hf.max. (119-149 S/min)	70-75% & 75-85% Hf.max. (139-149 bis 149-169 S/min)	Trainings-intensität	80-85% Hf.max. (159-169 S/min)	60-75% Hf.max. (119-149 S/min)	70-75% & 75-85% Hf.max. (139-149 bis 149-169 S/min)
Trainings-dauer	20 min	90 min	60 min	Trainings-dauer	30 min	90 min	60 min
Trainings-gerät	Laufband	Crosstrainer	Laufband	Trainings-gerät	Laufband	Crosstrainer	Laufband

3.3 Begründung zum Mesozyklus

Die folgenden Unterkapitel erklären die Grundgedanken des Aufbaus des Mesozykluses.

3.3.1 Begründung des angestrebten wöchentlichen Belastungsumfangs

Der Belastungsumfang im Mesozyklus steigert sich von Woche zu Woche, um den Studenten langsam an ein umfangreicheres Training zu gewöhnen und die Motivation aufrecht zu erhalten, indem er nicht von Woche eins an mit hohem Trainingsumfang konfrontiert wird.

3.3.2 Begründung der gewählten Trainingsmethoden

Für den Studenten wurden Intensitätsbereiche von 60% bishin zu 85% Hf.max. gewählt bzw. eine REKOM-Einheit von 50%-60% Hf.max. Die gewählten Trainingsmethoden bestehen aus der extensiven, der variablen und der intensiven Dauermethode. Den Hauptteil nimmt allerdings die extensive Dauermethode ein. So ist sichergestellt, dass der Student nach (Zintl und Eisenhut, 2001) seinen Trainingszielen der Stressreduktion, Verbesserung des Immunsystems und Verbesserung des kardiopulmonalen Systems gerecht wird aber trotzdem etwas Abwechslung im Programm hat und nicht unter- oder überfordert ist. Mit der REKOM-Einheit trägt der Student zusätzlich zur Regeneration bei. Die intensiven Einheiten von 80%-85% Hf.max. wurden guten Gewissens geplant, da der Student jung ist, sportliche Erfahrungen hat und beschwerdefrei ist, ihm das deshalb zugetraut wird und er somit nach (Zintl und Eisenhut, 2001) beispielsweise seine Kapillarisierung verbessern kann, was ebenso dem Gesundheitsgedanken seiner Trainingsziele entspricht. Durch den ständigen Wechsel von intensiven und extensiven Einheiten erhält der Klient ein optimales Verhältnis von Belastung und Erholung und befindet sich trotzdem kontinuierlich über der Schwelle des trainingswirksamen Reizes (ACSM, 2006b) von ca. 60-65% Hf.max. (ausgenommen REKOM).

3.3.3 Begründung der Belastungsprogression

Im Ausdauertraining besteht die Möglichkeit die Belastung über die Parameter Häufigkeit, Umfang und Intensität zu steuern und zu steigern. Daher beginnt der Mesozyklus mit einer wöchentlichen Trainingshäufigkeit von zwei Mal und steigert sich dann in Woche vier um eine REKOM-Einheit und ab Woche fünf um eine richtige dritte Trainingseinheit. So wird der Klient langsam an das Training herangeführt und lernt das

Training fest in seinen Tagesablauf einzuplanen. Des Weiteren steigert sich der Trainingsumfang pro Einheit. Pro Trainingsmethode wird zunächst eine kürzere Einheit geplant, die sich innerhalb des Mesozykluses ausweitet. Dies führt den Studenten ebenso langsam an höhere Zeitdauern heran, da er momentan eher wenig sportlich aktiv ist und daher nicht gewohnt ist sich mehrmals wöchentlich für eine längere Dauer zu bewegen. Zudem steigert sich auch die Intensität. Die extensive Dauermethode stellt den Anfang dar und wird ab Woche drei zunächst mit der variablen und ab Woche fünf dann zusätzlich mit der intensiven Dauermethode kombiniert. So wird ein zumutbarer Übergang für den Trainingsanfänger geschaffen.

Zu beachten ist hier, dass trotz der vorhandenen Steigerungen noch immer Raum zur Progression ist, da aufgrund des Prinzips der Dauerhaftigkeit und Kontinuität (ACSM, 2006b) nach den dargestellten sechs Wochen das Training selbstverständlich fortgesetzt werden muss.

3.3.4 Begründung der angesteuerten Trainingsbereiche

Mit der Auswahl der extensiven und variablen Dauermethode wurden Intensitäten geschaffen, die sich unterhalb des anaeroben Bereichs und somit im GA1-Bereich bzw. im Übergangsbereich GA1/GA2 befinden (Neumann et al., 2007) . Diese Auswahl begründet sich zum einen natürlich damit, dass beispielsweise Intervallmethoden hohe Anforderungen für einen Anfänger darstellen, zum anderen aber auch damit, dass Methoden unter / an der aeroben Schwelle besonders gut auf die Ziele „Senkung der Ruheherzfrequenz", „Stressreduzierung" und „Verbesserung des Immunsystems" eingehen (Zintl und Eisenhut, 2001). Eine erhöhte Laktatproduktion ist in diesem Fall nicht erwünscht, weshalb auf rein anaerobes Training verzichtet wird. In Woche fünf und sechs wurde allerdings jeweils eine intensive Einheit an der anaeroben Schwelle mit eingebaut, um nach (Zintl und Eisenhut, 2001) von den HK-System-entwickelnden Effekten und der Erweiterung der Kapillarisierung zu profitieren. Hier befindet sich der Student dann nicht mehr im GA1-Bereich, sondern entwickelt diese im GA2-Bereich weiter (Neumann et al., 2007).

3.3.5 Begründung der gewählten Ausdauergeräte bzw. Bewegungsformen

Die Wahl der Ausdauergeräte ist hier breit gefächert, da der Student keine körperlichen Beeinträchtigungen hat und somit auf Kriterien wie Belastungen des Bewegungsapparates nicht geachtet werden müssen. Es wurden sowohl Geräte gewählt, die Herzdruckarbeit fordern als auch Geräte, die Herzvolumenarbeit fordern, um optimale kardiopulmonale Anpassungen zu erzielen. Da der Student sportliche Vorerfahrung hat, wird davon ausgegangen, dass er koordinativ ausreichend geschult ist, um Geräte wie das Laufband nutzen zu können. Die Belastungsdosierung, um seinen gewünschten Trainingspuls zu erreichen, ist an allen Geräten durch die Einstellung von Schwierigkeitsstufen möglich.

4 Effekte des Ausdauertrainings bei arterieller Hypertonie

Tabelle sechs vergleicht zwei Studien von Romy Meißner und Stergios Vlatsas zum Thema Ausdauertraining bei arterieller Hypertonie anhand verschiedener Kriterien.

Tab. 6: Vergleich zweier Studien zum Thema „Ausdauertraining und arterielle Hypertonie" (eigene Darstellung)

	Effekte eines 12-wöchigen Ausdauertrainings auf die körperliche Leistungsfähigkeit und den psychischen Zustand von Patienten mit isolierter systolischer Hypertonie (Meißner, 2011)	Kardiovaskuläre Effekte eines aeroben versus eines isometrischen Trainings bei arterieller Hypertonie (Vlatsas, 2015)
Wer hat die Studie durchgeführt?	Romy Meißner	Stergios Vlatsas
Jahr der Publikation	2011	2015
Untersuchte Forschungsfrage	Wie wirkt sich ein 12-wöchiges Ausdauertraining auf die maximale Leistungsfähigkeit, den systolischen Blutdruck, den Laktatwert, die Herzfrequenz und den Borg-Wert von älteren Patienten mit einer isolierten systolischen Hypertonie aus? Und wie stehen ein erhöhter Blutdruck während des Trainings und die Anzahl der Blutdruckspitzen im Training miteinander im Zusammenhang?	Wie wirkt sich aerobes Training im Vergleich zu isometrischem Faustschlusstraining auf den Blutdruck, den Augmentationsindex, den zentralen Aortendruck, die Pulswellengeschwindigkeit, die Gefäßelastizitätsindices der großen und kleinen Gefäße und den totalen peripheren Widerstand aus?
Probanden	51 Patienten aus der Blutdrucksprechstunde der Charité-Universitätsmedizin Berlin	70 Patienten mit bekannter medikamentös behandelter arterieller Hypertonie oder einem Blurdruck >140/90 mmHg ohne medikamentöse Therapie
Versuchsaufbau	Die Patienten wurden in eine Trainings- und eine Kontrollgruppe aufgeteilt. Die Trainingsgruppe (bestehend aus 24 Teilnehmern) trainierte zwölf Wochen lang dreimal pro Woche ein Intervalltraining auf dem Laufband. Die Kontrolltruppe (bestehend aus 27 Teilnehmern) absolvierte kein Training. Alle Probanden erhielten ein Ruhe- und Belastungs-EKG, eine Laufbandspiroergometrie, eine Langzeit-Blutdruckmessung und eine Echokardiografie des Herzens.	Die Probanden wurden in drei Gruppen aufgeteilt. Eine Gruppe (bestehend aus 25 Teilnehmern) absolvierten 12 Wochen lang, 5 mal pro Woche, ein isometrisches Training (Faustschlusskontraktionen mit 30% der maximalen Kraft). Die zweite Gruppe (bestehend aus 23 Teilnehmern) absolvierten dasselbe Training, allerdings mit einem Placebo-Gerät (Kontraktionen mit nur 5% der maximalen Kraft). Die dritte Gruppe (bestehend aus 22 Teilnehmern) absolvierte 5 Mal pro Woche jeweils 29-45 Minuten lang aerobes Ausdauertraining. Während des Zeitraums der Studie fand keine zusätzliche Intervention oder Änderung der Vormedikation statt. Gemessen wurden dann der 24h-Blutdruck und mittels applanationstonometrischer Pulswellenanalyse die oben genannten Parameter der arteriellen Gefäße bestimmt.

	Effekte eines 12-wöchigen Ausdauer-trainings auf die körperliche Leistungs-fähigkeit und den psychischen Zustand von Patienten mit isolierter systolischer Hypertonie (Meißner, 2011)	Kardiovaskuläre Effekte eines aeroben versus eines isometrischen Trainings bei arterieller Hypertonie (Vlatsas, 2015)
Relevante Ergebnisse / Schlussfolgerungen	Ergebnisse: Signifikante Veränderungen nach dem zwölfwöchigen Training bei: • Leistungsfähigkeit: (von 153,4 ± 12,4 auf 197,7 ± 11,1 Watt, p<0.01) • Systolischer Blutdruck: (von 185,2 ± 5,7 auf 153,8 ± 5,9 mmHg, p<0.0004) • Laktatwert: (von 1,6 ± 0,2 auf 0,9 ± 0,04 mmol/l, p<0.003) • Herzfrequenz: (von 111,4 ± 3,7 auf 92,9 ± 2,8 /min, p<0.0003) • Borg-Wert: (von 11,9 ± 0,3 auf 8,4 ± 0,5, p<0.0001) während der zweiten Be-lastungsstufe Keine signifikanten Veränderungen bei der Kontrollgruppe: • Systolischer Blutdruck: (von 189,3 ± 5,6 auf 167,1 ± 5,3 mmHg) Es wurde zudem ein Zusammenhang zwischen Borg-Wert und dem systolischen Blutdruck, der Laktatkonzentration und der Herzfrequenz nachgewiesen. Bei einem Probanden wurde ein Zusam-menhang zwischen den erhöhten Blut-druckwerten während der Belastung und der Anzahl der Blutdruckspitzen im Trai-ning festgestellt. Schlussfolgerungen: Körperliche Aktivität hat positiven Einfluss auf Patienten mit isolierter systolischer Hypertonie. Das Auftreten von Blutdruckspitzen beim Training sollte beim Planen und Durchfüh-ren von Belastungen genauestens kontrol-liert und bedacht sein.	Ergebnisse: Aerobes Training: • Signifikante Senkung des systolischen und diastolischen Blutdrucks (von systo-lisch 129.1 ± 10.4 mmHg auf 122.7 ± 11.7, p = 0.008 und diastolisch von 79.5 ± 8.9 auf 76.7 ± 10.9, p = 0.009). • Verbesserung der Elastizitätsindices der kleinen (von 3.8 ± 2.3 auf 5.4 ± 2.9, p = 0.036) und der großen Gefäße (von 9.9 ± 2.9 auf 11.5 ± 3.4, p= 0.03) • Abfall des totalen peripheren Wider-stands (1798 ± 425 auf 1581 ± 352 dyn·s/cm5 , p < 0.001) Isometrisches Training: Hatte weder Einfluss auf die 24-Stunden-Blutdruckmessung (jeweils p > 0.05) noch ergab sich eine signifikante Verbesserung der Gefäßelastizitätsparameter (p > 0.05). Schlussfolgerungen: Aerobes Training hat einen positiven Effekt auf Hypertonie. Isometrisches Faustschluss-training hingegen hat keine blutdrucksenkende Wirkung.

5 Literaturverzeichnis

American College of Sports Medicine (1998): The recommended quantity and quality of exercise for developing and maintaining cardiorespiratory and muscular fitness, and flexibility in healthy adults. In: *Medicine and science in sports and exercise* (30), S. 975–991.

American College of Sports Medicine (2006a): ACSM's Guidelines for Exercise Testing and Prescription. 7. Aufl. Philadelphia: Williams & Wilkins.

American College of Sports Medicine (2006b): Guide-lines for exercise testing and pre-scripiton. 5. Aufl. Philadelphia: Lippincott Williams & Wilkins.

American Heart Association (2015): All About Heart Rate (Pulse). Where is it and what is a normal heart rate? Online verfügbar unter https://www.heart.org/en/health-topics/high-blood-pressure/the-facts-about-high-blood-pressure/all-about-heart-rate-pulse, zuletzt geprüft am 04.12.2019.

Bundesministerium für Gesundheit (2018): Ist mein Gewicht "normal"? Was ist der Body Mass Index? Online verfügbar unter https://www.bundesgesundheitsministerium.de/themen/praevention/gesundheits gefahren/essstoerungen/selbsttest.html, zuletzt geprüft am 23.11.2019.

Institut für Prävention und Nachsorge (2004): IPN-Test® - Ausdauertest für den Fitness- und Gesundheitssport. Online verfügbar unter file:///C:/Users/KINDER~1/AppData/Local/Temp/IPN-Test.pdf, zuletzt geprüft am 23.11.2019.

Meißner, Romy (2011): Effekte eines 12-wöchigen Ausdauertrainings auf die körperliche Leistungsfähigkeit und den psychischen Zustand von Patienten mit isolierter systolischer Hypertonie. Online verfügbar unter https://refubium.fuberlin.de/handle/fub188/9288, zuletzt geprüft am 26.11.2019.

Neumann, Georg; Pfützner, Arndt.; Berbalk, Anneliese (2007): Optimiertes Ausdauertraining. (5. überarb.) Aachen: Meyer & Meyer.

Vlatsas, Stergios (2015): Kardiovaskuläre Effekte eines aeroben versus eines isometrischen Trainings bei arterieller Hypertonie. Online verfügbar unter https://refubium.fu-berlin.de/handle/fub188/1246, zuletzt geprüft am 26.11.2019.

Williams, Bryan; Mancia, Giuseppe; Spiering, Wilko; Agabiti Rosei, Enrico; Azizi, Michel; Burnier, Michel et al. (2018): 2018 ESC/ESH Guidelines for the management of arterial hypertension. The Task Force for the management of arterial hypertension of the European Society of Cardiology (ESC) and the European Society of Hypertension (ESH). In: *European heart journal* 39 (33), S. 10, zuletzt geprüft am 23.11.2019.

Zintl, Fritz; Eisenhut, Andrea (2001): Ausdauertraining. Grundlagen - Methoden - Trainingssteuerung. 5. Aufl. München: BLV Sportwissen.

6   Tabellenverzeichnis